# Le Journal de gratitude
# 3 Minutes et 90 jours

Un journal pour les garçons

Nom _____

Date de début

Journée    Mois    An

_____    _____    _____

©The Life Graduate Publishing Group

Aucune partie de ce livre ne peut être numérisée, reproduite ou distribuée sous quelque forme imprimée ou électronique que ce soit sans l'autorisation préalable de l'auteur ou de l'éditeur.

# MON JOURNAL DE GRATITUDE

# Je suis reconnaissant!

Remplir un journal de gratitude quotidien nous aide à reconnaître les grandes choses que nous avons déjà dans la vie!

Pour renforcer notre appréciation des choses, il est important de commencer par écrire une ou deux choses chaque jour pour lesquelles vous êtes reconnaissant. Cela peut être des choses qui se sont produites dans le passé, le chemin parcouru au cours de la dernière année, des événements actuels à l'école ou quelque chose qui se passe dans votre vie en ce moment. Pour vous aider, il peut s'agir de choses que vous faites avec votre famille et vos amis, comme les vacances, les réalisations que vous avez gagnées pour le sport ou toute autre chose pour laquelle vous êtes reconnaissant.

En ne prenant que 3 minutes chaque jour pour réfléchir aux choses de votre vie qui comptent pour vous, cela vous donnera la confiance nécessaire pour franchir chaque jour de nouveaux sauts et limites. La gratitude est importante et nous devons tous penser chaque jour.

J'espère que vous apprécierez le journal de gratitude de 3 minutes et 90 jours.

Vous souhaitant tout le meilleur,

*Romney Nelson*

"Tout ce que vous pouvez faire ou rêver, commencez-le.
L'audace a du génie, du pouvoir et de la magie."

− Johann Wolfgang von Goethe
(1749-1832)

# MON JOURNAL DE GRATITUDE

**01** **Aujourd'hui je me sens**
Colorez le visage ci-dessous.
Comment te sens-tu aujourd'hui?...

DATÉ ___/___/___
TEMPS_____ : _____

**02** Je suis reconnaissant pour

_____
_____
_____
_____

**03** Aujourd'hui, j'ai hâte de .......

_____
_____
_____
_____

**04** Le temps aujourd'hui est:

# MON JOURNAL DE GRATITUDE

**DATÉ** ___/___/___

**01** **Aujourd'hui je me sens**
Colorez le visage ci-dessous.
Comment te sens-tu aujourd'hui?...

**TEMPS** _____ : _____

😊   😎   😧   😢   😠   😉

**02** Je suis reconnaissant pour

_____
_____
_____
_____

**03** Aujourd'hui, j'ai hâte de ……

_____
_____
_____
_____

**04** Le temps aujourd'hui est:

# MON JOURNAL DE GRATITUDE

**01** **Aujourd'hui je me sens**
Colorez le visage ci-dessous.
Comment te sens-tu aujourd'hui?...

DATÉ ___/___/___
TEMPS ___:___

**02** Je suis reconnaissant pour

_____
_____
_____

**03** Aujourd'hui, j'ai hâte de .......

_____
_____
_____

**04** Le temps aujourd'hui est:

# MON JOURNAL DE GRATITUDE

**01** **Aujourd'hui je me sens**
Colorez le visage ci-dessous.
Comment te sens-tu aujourd'hui?...

DATÉ ___/___/___
TEMPS _____ : _____

😊  😎  😟  😢  😠  😉

**02** Je suis reconnaissant pour

_____
_____
_____

**03** Aujourd'hui, j'ai hâte de ……..

_____
_____
_____

**04** Le temps aujourd'hui est:

☀️  ☁️  🌧️  ⛈️  ⛅  🌨️

# MON JOURNAL DE GRATITUDE

**01** **Aujourd'hui je me sens**
Colorez le visage ci-dessous.
Comment te sens-tu aujourd'hui?...

**DATÉ** ___/___/___
**TEMPS** _____ : _____

**02** Je suis reconnaissant pour

_____
_____
_____

**03** Aujourd'hui, j'ai hâte de .......

_____
_____
_____
_____

**04** Le temps aujourd'hui est:

# MON JOURNAL DE GRATITUDE

**01** **Aujourd'hui je me sens**
Colorez le visage ci-dessous.
Comment te sens-tu aujourd'hui?...

DATÉ ___/___/___
TEMPS _____ : _____

**02** Je suis reconnaissant pour

_____
_____
_____

**03** Aujourd'hui, j'ai hâte de .......

_____
_____
_____
_____

**04** Le temps aujourd'hui est:

# MON JOURNAL DE GRATITUDE

**01** **Aujourd'hui je me sens**
Colorez le visage ci-dessous.
Comment te sens-tu aujourd'hui?...

**DATÉ** ___/___/___
**TEMPS** _____ : _____

**02** Je suis reconnaissant pour

_____
_____
_____

**03** Aujourd'hui, j'ai hâte de ........

_____
_____
_____

**04** Le temps aujourd'hui est:

# MY 3 MINUTE GRATITUDE JOURNAL

Toutes nos félicitations! Vous avez fini vos 7 premiers jours!

**01 Des moments**
Quelles ont été vos 3 activités préférées au cours des 7 derniers jours?

_____

_____

_____

**02 Sois créatif!**
Dessinez quelque chose que vous avez fait au cours des 7 derniers jours avec un membre de votre famille, un ami ou quelque chose à l'école.

# MON JOURNAL DE GRATITUDE

**01** **Aujourd'hui je me sens**
Colorez le visage ci-dessous.
Comment te sens-tu aujourd'hui?...

DATÉ ___/___/___
TEMPS _____:_____

**02** Je suis reconnaissant pour

_____
_____
_____
_____

**03** Aujourd'hui, j'ai hâte de .......

_____
_____
_____
_____

**04** Le temps aujourd'hui est:

# MON JOURNAL DE GRATITUDE

**01** **Aujourd'hui je me sens**
Colorez le visage ci-dessous.
Comment te sens-tu aujourd'hui?...

DATÉ ___/___/___
TEMPS _____ : _____

**02** Je suis reconnaissant pour

_____
_____
_____

**03** Aujourd'hui, j'ai hâte de .......

_____
_____
_____

**04** Le temps aujourd'hui est:

# MON JOURNAL DE GRATITUDE

**01** **Aujourd'hui je me sens**
Colorez le visage ci-dessous.
Comment te sens-tu aujourd'hui?...

**DATÉ** ___/___/___
**TEMPS** _____ : _____

**02** Je suis reconnaissant pour

_____
_____
_____

**03** Aujourd'hui, j'ai hâte de .......

_____
_____
_____

**04** Le temps aujourd'hui est:

# MON JOURNAL DE GRATITUDE

**01** **Aujourd'hui je me sens**
Colorez le visage ci-dessous.
Comment te sens-tu aujourd'hui?...

DATÉ ___/___/___
TEMPS _____ : _____

😊  😎  😟  😢  😠  😉

**02** Je suis reconnaissant pour

_____
_____
_____

**03** Aujourd'hui, j'ai hâte de .......

_____
_____
_____
_____

**04** Le temps aujourd'hui est:

# MON JOURNAL DE GRATITUDE

**01** **Aujourd'hui je me sens**
Colorez le visage ci-dessous.
Comment te sens-tu aujourd'hui?...

DATÉ ___/___/___
TEMPS _____ : _____

**02** Je suis reconnaissant pour

_____
_____
_____

**03** Aujourd'hui, j'ai hâte de .......

_____
_____
_____
_____

**04** Le temps aujourd'hui est:

# MON JOURNAL DE GRATITUDE

**01** **Aujourd'hui je me sens**
Colorez le visage ci-dessous.
Comment te sens-tu aujourd'hui?...

**DATÉ** ___/___/___
**TEMPS** _____:_____

**02** Je suis reconnaissant pour

_____
_____
_____

**03** Aujourd'hui, j'ai hâte de .......

_____
_____
_____

**04** Le temps aujourd'hui est:

# MON JOURNAL DE GRATITUDE

**01** **Aujourd'hui je me sens**
Colorez le visage ci-dessous.
Comment te sens-tu aujourd'hui?...

**DATÉ** ___/___/___
**TEMPS** ___ : ___

**02** Je suis reconnaissant pour

_____
_____
_____

**03** Aujourd'hui, j'ai hâte de .......

_____
_____
_____
_____

**04** Le temps aujourd'hui est:

# MON JOURNAL DE GRATITUDE

**01** **Aujourd'hui je me sens**
Colorez le visage ci-dessous.
Comment te sens-tu aujourd'hui?...

DATÉ ___/___/___
TEMPS_____:_____

**02** Je suis reconnaissant pour

_____
_____
_____

**03** Aujourd'hui, j'ai hâte de ……

_____
_____
_____
_____

**04** Le temps aujourd'hui est:

# MON JOURNAL DE GRATITUDE

**01** **Aujourd'hui je me sens**
Colorez le visage ci-dessous.
Comment te sens-tu aujourd'hui?...

DATÉ ___/___/___
TEMPS _____ : _____

**02** Je suis reconnaissant pour

_____
_____
_____

**03** Aujourd'hui, j'ai hâte de .......

_____
_____
_____
_____

**04** Le temps aujourd'hui est:

# MON JOURNAL DE GRATITUDE

**01** **Aujourd'hui je me sens**
Colorez le visage ci-dessous.
Comment te sens-tu aujourd'hui?...

**DATÉ** ___/___/___
**TEMPS** _____ : _____

**02** Je suis reconnaissant pour

_____
_____
_____

**03** Aujourd'hui, j'ai hâte de .......

_____
_____
_____

**04** Le temps aujourd'hui est:

# MON JOURNAL DE GRATITUDE

**01** **Aujourd'hui je me sens**
Colorez le visage ci-dessous.
Comment te sens-tu aujourd'hui?...

**DATÉ** ___/___/___
**TEMPS** _____ : _____

**02** Je suis reconnaissant pour

_____
_____
_____

**03** Aujourd'hui, j'ai hâte de .......

_____
_____
_____

**04** Le temps aujourd'hui est:

# MON JOURNAL DE GRATITUDE

**01** **Aujourd'hui je me sens**
Colorez le visage ci-dessous.
Comment te sens-tu aujourd'hui?...

DATÉ ___/___/___
TEMPS _____:_____

**02** Je suis reconnaissant pour

_____
_____
_____

**03** Aujourd'hui, j'ai hâte de .......

_____
_____
_____

**04** Le temps aujourd'hui est:

# MON JOURNAL DE GRATITUDE

**01** **Aujourd'hui je me sens**
Colorez le visage ci-dessous.
Comment te sens-tu aujourd'hui?...

DATÉ ___/___/___
TEMPS _____:_____

**02** Je suis reconnaissant pour

_____
_____
_____


**03** Aujourd'hui, j'ai hâte de ........

_____
_____
_____
_____

**04** Le temps aujourd'hui est:

# MON JOURNAL DE GRATITUDE

**01** **Aujourd'hui je me sens**
Colorez le visage ci-dessous.
Comment te sens-tu aujourd'hui?...

DATÉ ___/___/___
TEMPS _____ : _____

**02** Je suis reconnaissant pour

_____
_____
_____

**03** Aujourd'hui, j'ai hâte de .......

_____
_____
_____

**04** Le temps aujourd'hui est:

# MON JOURNAL DE GRATITUDE

**01** **Aujourd'hui je me sens**
Colorez le visage ci-dessous.
Comment te sens-tu aujourd'hui?...

DATÉ ____/____/____
TEMPS _____ : _____

**02** Je suis reconnaissant pour

_____
_____
_____

**03** Aujourd'hui, j'ai hâte de .......

_____
_____
_____
_____

**04** Le temps aujourd'hui est:

# MON JOURNAL DE GRATITUDE

**01** **Aujourd'hui je me sens**
Colorez le visage ci-dessous.
Comment te sens-tu aujourd'hui?...

**DATÉ** ___/___/___
**TEMPS** _____ : _____

**02** Je suis reconnaissant pour

_____
_____
_____

**03** Aujourd'hui, j'ai hâte de .......

_____
_____
_____
_____

**04** Le temps aujourd'hui est:

# MON JOURNAL DE GRATITUDE

**01** **Aujourd'hui je me sens**
Colorez le visage ci-dessous.
Comment te sens-tu aujourd'hui?...

DATÉ ___/___/___
TEMPS _____ : _____

😊  😎  😟  😢  😠  😉

**02** Je suis reconnaissant pour

_____
_____
_____

**03** Aujourd'hui, j'ai hâte de ........

_____
_____
_____
_____

**04** Le temps aujourd'hui est:

# MON JOURNAL DE GRATITUDE

**01** **Aujourd'hui je me sens**
Colorez le visage ci-dessous.
Comment te sens-tu aujourd'hui?...

**DATÉ** ___/___/___
**TEMPS** _____ : _____

**02** Je suis reconnaissant pour

_____
_____
_____

**03** Aujourd'hui, j'ai hâte de .......

_____
_____
_____

**04** Le temps aujourd'hui est:

# MON JOURNAL DE GRATITUDE

**01** **Aujourd'hui je me sens**
Colorez le visage ci-dessous.
Comment te sens-tu aujourd'hui?...

**DATÉ** ___/___/___
**TEMPS** _____ : _____

**02** Je suis reconnaissant pour

_____

_____

_____

**03** Aujourd'hui, j'ai hâte de .......

_____

_____

_____

**04** Le temps aujourd'hui est:

# MON JOURNAL DE GRATITUDE

**01** **Aujourd'hui je me sens**
Colorez le visage ci-dessous.
Comment te sens-tu aujourd'hui?...

DATÉ ___/___/___
TEMPS _____ : _____

**02** Je suis reconnaissant pour

_____
_____
_____

**03** Aujourd'hui, j'ai hâte de .......

_____
_____
_____

**04** Le temps aujourd'hui est:

# MON JOURNAL DE GRATITUDE

**01** **Aujourd'hui je me sens**
Colorez le visage ci-dessous.
Comment te sens-tu aujourd'hui?...

DATÉ ___/___/___
TEMPS _____ : _____

**02** Je suis reconnaissant pour

_____
_____
_____

**03** Aujourd'hui, j'ai hâte de .......

_____
_____
_____
_____

**04** Le temps aujourd'hui est:

# MON JOURNAL DE GRATITUDE

**01** **Aujourd'hui je me sens**
Colorez le visage ci-dessous.
Comment te sens-tu aujourd'hui?...

**DATÉ** ___/___/___
**TEMPS** _____ : _____

**02** Je suis reconnaissant pour

_____
_____
_____

**03** Aujourd'hui, j'ai hâte de .......

_____
_____
_____
_____

**04** Le temps aujourd'hui est:

# MON JOURNAL DE GRATITUDE

**01** **Aujourd'hui je me sens**
Colorez le visage ci-dessous.
Comment te sens-tu aujourd'hui?...

**DATÉ** ___/___/___
**TEMPS** _____ : _____

**02** Je suis reconnaissant pour

_____
_____
_____

**03** Aujourd'hui, j'ai hâte de ........

_____
_____
_____

**04** Le temps aujourd'hui est:

"Nous ne nous souvenons pas des jours; nous nous souvenons des moments."
- Cesare Pavese
(1908-1950)

# MON JOURNAL DE GRATITUDE

Toutes nos félicitations! Vous êtes au jour 30.

Il est temps pour vous de réfléchir à votre journal de gratitude et de répondre aux questions suivantes.

## 01 Des moments

Quelles ont été vos 3 activités préférées au cours des 30 derniers jours?

1. _____
   _____

2. _____
   _____

3. _____
   _____

## 02 Sois créatif!

Dessinez une image ou collez une photo ici qui a été un moment spécial pour vous au cours des 30 derniers jours.

# MON JOURNAL DE GRATITUDE

**01** **Aujourd'hui je me sens**
Colorez le visage ci-dessous.
Comment te sens-tu aujourd'hui?...

**DATÉ** ___/___/___
**TEMPS** _____ : _____

**02** Je suis reconnaissant pour

_____

_____

_____

**03** Aujourd'hui, j'ai hâte de ........

_____

_____

_____

**04** Le temps aujourd'hui est:

# MON JOURNAL DE GRATITUDE

**01** **Aujourd'hui je me sens**
Colorez le visage ci-dessous.
Comment te sens-tu aujourd'hui?...

**DATÉ** ___/___/___
**TEMPS** _____ : _____

**02** Je suis reconnaissant pour

_____

_____

_____


**03** Aujourd'hui, j'ai hâte de .......

_____

_____

_____

**04** Le temps aujourd'hui est:

# MON JOURNAL DE GRATITUDE

**01** **Aujourd'hui je me sens**
Colorez le visage ci-dessous.
Comment te sens-tu aujourd'hui?...

**DATÉ** ___/___/___
**TEMPS** _____ : _____

**02** Je suis reconnaissant pour

_____
_____
_____

**03** Aujourd'hui, j'ai hâte de ........

_____
_____
_____

**04** Le temps aujourd'hui est:

# MON JOURNAL DE GRATITUDE

**01 Aujourd'hui je me sens**
Colorez le visage ci-dessous.
Comment te sens-tu aujourd'hui?...

DATÉ ___/___/___
TEMPS _____ : _____

**02** Je suis reconnaissant pour

_____
_____
_____

**03** Aujourd'hui, j'ai hâte de ......

_____
_____
_____

**04** Le temps aujourd'hui est:

# MON JOURNAL DE GRATITUDE

**DATÉ** ___/___/___
**TEMPS** _____ : _____

## 01 Aujourd'hui je me sens
Colorez le visage ci-dessous.
Comment te sens-tu aujourd'hui?...

😊  😎  😩  😢  😠  😉

## 02 Je suis reconnaissant pour

_____
_____
_____

## 03 Aujourd'hui, j'ai hâte de ........

_____
_____
_____

## 04 Le temps aujourd'hui est:

# MON JOURNAL DE GRATITUDE

**01** **Aujourd'hui je me sens**
Colorez le visage ci-dessous.
Comment te sens-tu aujourd'hui?...

**DATÉ** ___/___/___
**TEMPS** _____ : _____

**02** Je suis reconnaissant pour

_____

_____

_____

**03** Aujourd'hui, j'ai hâte de .......

_____

_____

_____

_____

**04** Le temps aujourd'hui est:

# MON JOURNAL DE GRATITUDE

**01** **Aujourd'hui je me sens**
Colorez le visage ci-dessous.
Comment te sens-tu aujourd'hui?...

DATÉ ___/___/___
TEMPS _____ : _____

**02** Je suis reconnaissant pour

_____
_____
_____

**03** Aujourd'hui, j'ai hâte de .......

_____
_____
_____
_____

**04** Le temps aujourd'hui est:

# MON JOURNAL DE GRATITUDE

**01** **Aujourd'hui je me sens**
Colorez le visage ci-dessous.
Comment te sens-tu aujourd'hui?...

DATÉ ____/____/____
TEMPS _____ : _____

😊  😎  😟  😢  😠  🙂

**02** Je suis reconnaissant pour

_____
_____
_____


**03** Aujourd'hui, j'ai hâte de .......

_____
_____
_____


**04** Le temps aujourd'hui est:

# MON JOURNAL DE GRATITUDE

**01** **Aujourd'hui je me sens**
Colorez le visage ci-dessous.
Comment te sens-tu aujourd'hui?...

**DATÉ** ___/___/___
**TEMPS** _____ : _____

**02** Je suis reconnaissant pour

_____
_____
_____

**03** Aujourd'hui, j'ai hâte de .......

_____
_____
_____
_____

**04** Le temps aujourd'hui est:

# MON JOURNAL DE GRATITUDE

**01** **Aujourd'hui je me sens**
Colorez le visage ci-dessous.
Comment te sens-tu aujourd'hui?...

**DATÉ** ___/___/___
**TEMPS** _____ : _____

**02** Je suis reconnaissant pour

_____

_____

_____

**03** Aujourd'hui, j'ai hâte de .......

_____

_____

_____

**04** Le temps aujourd'hui est:

# MON JOURNAL DE GRATITUDE

**01** **Aujourd'hui je me sens**
Colorez le visage ci-dessous.
Comment te sens-tu aujourd'hui?...

**DATÉ** ___/___/___
**TEMPS** _____ : _____

**02** Je suis reconnaissant pour

_____
_____
_____

**03** Aujourd'hui, j'ai hâte de .......

_____
_____
_____
_____

**04** Le temps aujourd'hui est:

# MON JOURNAL DE GRATITUDE

**01** **Aujourd'hui je me sens**
Colorez le visage ci-dessous.
Comment te sens-tu aujourd'hui?...

DATÉ ___/___/___
TEMPS _____:_____

**02** Je suis reconnaissant pour

_____
_____
_____

**03** Aujourd'hui, j'ai hâte de .......

_____
_____
_____
_____

**04** Le temps aujourd'hui est:

# MON JOURNAL DE GRATITUDE

**01** **Aujourd'hui je me sens**
Colorez le visage ci-dessous.
Comment te sens-tu aujourd'hui?...

DATÉ ___/___/___
TEMPS _____ : _____

**02** Je suis reconnaissant pour

_____
_____
_____

**03** Aujourd'hui, j'ai hâte de ........

_____
_____
_____

**04** Le temps aujourd'hui est:

# MON JOURNAL DE GRATITUDE

**01** **Aujourd'hui je me sens**
Colorez le visage ci-dessous.
Comment te sens-tu aujourd'hui?...

**DATÉ** ___/___/___
**TEMPS** _____ : _____

**02** Je suis reconnaissant pour

_____
_____
_____

**03** Aujourd'hui, j'ai hâte de ........

_____
_____
_____

**04** Le temps aujourd'hui est:

# MON JOURNAL DE GRATITUDE

**01** **Aujourd'hui je me sens**
Colorez le visage ci-dessous.
Comment te sens-tu aujourd'hui?...

DATÉ ___/___/___
TEMPS _____ : _____

**02** Je suis reconnaissant pour

_____
_____
_____
_____

**03** Aujourd'hui, j'ai hâte de ........

_____
_____
_____
_____

**04** Le temps aujourd'hui est:

# MON JOURNAL DE GRATITUDE

**DATÉ** ___/___/___

## 01 Aujourd'hui je me sens
Colorez le visage ci-dessous.
Comment te sens-tu aujourd'hui?...

**TEMPS** _____ : _____

😊 😎 😟 😢 😠 🙂

## 02 Je suis reconnaissant pour

_____
_____
_____

## 03 Aujourd'hui, j'ai hâte de .......

_____
_____
_____

## 04 Le temps aujourd'hui est:

# MON JOURNAL DE GRATITUDE

**01** **Aujourd'hui je me sens**
Colorez le visage ci-dessous.
Comment te sens-tu aujourd'hui?...

**DATÉ** ___/___/___
**TEMPS** _____ : _____

**02** Je suis reconnaissant pour

_____
_____
_____

**03** Aujourd'hui, j'ai hâte de ........

_____
_____
_____

**04** Le temps aujourd'hui est:

# MON JOURNAL DE GRATITUDE

**DATÉ** ___/___/___

**01  Aujourd'hui je me sens**
Colorez le visage ci-dessous.
Comment te sens-tu aujourd'hui?...

**TEMPS** _____ : _____

😊   😎   😩   😢   😠   🙂

**02**  Je suis reconnaissant pour

_____
_____
_____

**03**  Aujourd'hui, j'ai hâte de .......

_____
_____
_____
_____

**04**  Le temps aujourd'hui est:

# MON JOURNAL DE GRATITUDE

**01** **Aujourd'hui je me sens**
Colorez le visage ci-dessous.
Comment te sens-tu aujourd'hui?...

DATÉ ___/___/___
TEMPS _____ : _____

**02** Je suis reconnaissant pour

_____
_____
_____

**03** Aujourd'hui, j'ai hâte de .......

_____
_____
_____
_____

**04** Le temps aujourd'hui est:

# MON JOURNAL DE GRATITUDE

## 01 Aujourd'hui je me sens

Colorez le visage ci-dessous.
Comment te sens-tu aujourd'hui?...

DATÉ ___/___/___

TEMPS _____ : _____

😊 😎 😟 😢 😠 😉

## 02 Je suis reconnaissant pour

_____
_____
_____
_____

## 03 Aujourd'hui, j'ai hâte de .......

_____
_____
_____
_____

## 04 Le temps aujourd'hui est:

# MON JOURNAL DE GRATITUDE

**01** **Aujourd'hui je me sens**
Colorez le visage ci-dessous.
Comment te sens-tu aujourd'hui?...

DATÉ ___/___/___
TEMPS _____ : _____

😊 😎 😟 😢 😠 😉

**02** Je suis reconnaissant pour

_____
_____
_____

**03** Aujourd'hui, j'ai hâte de .......

_____
_____
_____
_____

**04** Le temps aujourd'hui est:

# MON JOURNAL DE GRATITUDE

**01** **Aujourd'hui je me sens**
Colorez le visage ci-dessous.
Comment te sens-tu aujourd'hui?...

**DATÉ** ___/___/___
**TEMPS** _____ : _____

**02** Je suis reconnaissant pour

_____
_____
_____

**03** Aujourd'hui, j'ai hâte de .......

_____
_____
_____
_____

**04** Le temps aujourd'hui est:

# MON JOURNAL DE GRATITUDE

**01** **Aujourd'hui je me sens**
Colorez le visage ci-dessous.
Comment te sens-tu aujourd'hui?...

DATÉ ___/___/___
TEMPS _____ : _____

**02** Je suis reconnaissant pour

_____
_____
_____

**03** Aujourd'hui, j'ai hâte de .......

_____
_____
_____

**04** Le temps aujourd'hui est:

# MON JOURNAL DE GRATITUDE

**01  Aujourd'hui je me sens**

DATÉ ____/____/____

TEMPS _____ : _____

Colorez le visage ci-dessous.
Comment te sens-tu aujourd'hui?...

😊  😎  😦  😢  😠  😉

**02** Je suis reconnaissant pour

_____
_____
_____
_____

**03** Aujourd'hui, j'ai hâte de .......

_____
_____
_____
_____

**04** Le temps aujourd'hui est:

# MON JOURNAL DE GRATITUDE

**01** **Aujourd'hui je me sens**
Colorez le visage ci-dessous.
Comment te sens-tu aujourd'hui?...

**DATÉ** ___/___/___
**TEMPS** ___:___

**02** Je suis reconnaissant pour

_____
_____
_____

**03** Aujourd'hui, j'ai hâte de ........

_____
_____
_____

**04** Le temps aujourd'hui est:

# MON JOURNAL DE GRATITUDE

**01** **Aujourd'hui je me sens**
Colorez le visage ci-dessous.
Comment te sens-tu aujourd'hui?...

**DATÉ** ___/___/___
**TEMPS** _____ : _____

**02** Je suis reconnaissant pour

_____
_____
_____

**03** Aujourd'hui, j'ai hâte de .......

_____
_____
_____
_____

**04** Le temps aujourd'hui est:

# MON JOURNAL DE GRATITUDE

**01** **Aujourd'hui je me sens**
Colorez le visage ci-dessous.
Comment te sens-tu aujourd'hui?...

**DATÉ** ___/___/___
**TEMPS** _____ : _____

**02** Je suis reconnaissant pour

_____

_____

_____

**03** Aujourd'hui, j'ai hâte de ........

_____

_____

_____

_____

**04** Le temps aujourd'hui est:

# MON JOURNAL DE GRATITUDE

**01** **Aujourd'hui je me sens**
Colorez le visage ci-dessous.
Comment te sens-tu aujourd'hui?...

DATÉ ___/___/___
TEMPS _____ : _____

**02** Je suis reconnaissant pour

_____
_____
_____

**03** Aujourd'hui, j'ai hâte de .......

_____
_____
_____

**04** Le temps aujourd'hui est:

# MON JOURNAL DE GRATITUDE

**01** **Aujourd'hui je me sens**
Colorez le visage ci-dessous.
Comment te sens-tu aujourd'hui?...

DATÉ ___/___/___
TEMPS _____ : _____

**02** Je suis reconnaissant pour

_____
_____
_____

**03** Aujourd'hui, j'ai hâte de .......

_____
_____
_____

**04** Le temps aujourd'hui est:

# MON JOURNAL DE GRATITUDE

**01** **Aujourd'hui je me sens**
Colorez le visage ci-dessous.
Comment te sens-tu aujourd'hui?...

**DATÉ** ___/___/___
**TEMPS** _____ : _____

**02** Je suis reconnaissant pour

_____
_____
_____

**03** Aujourd'hui, j'ai hâte de .......

_____
_____
_____
_____

**04** Le temps aujourd'hui est:

"Ce n'est pas ce à quoi vous êtes confronté dans la vie, c'est la façon dont vous le gérez."

— Janet.M.Schofield

# MON JOURNAL DE GRATITUDE

Toutes nos félicitations! Vous êtes au jour 60.

Il est temps pour vous de réfléchir à votre journal de gratitude et de répondre aux questions suivantes.

## 01 Des moments

Quelles ont été vos 3 activités préférées au cours des 30 derniers jours?

1. _____
   _____

2. _____
   _____

3. _____
   _____

## 02 Sois créatif!

Dessinez une image ou collez une photo ici qui a été un moment spécial pour vous au cours des 30 derniers jours.

# MON JOURNAL DE GRATITUDE

**01** **Aujourd'hui je me sens**
Colorez le visage ci-dessous.
Comment te sens-tu aujourd'hui?...

**DATÉ** ___/___/___
**TEMPS** _____ : _____

**02** Je suis reconnaissant pour

_____
_____
_____

**03** Aujourd'hui, j'ai hâte de .......

_____
_____
_____

**04** Le temps aujourd'hui est:

# MON JOURNAL DE GRATITUDE

**DATÉ** ___/___/___

**01  Aujourd'hui je me sens**
Colorez le visage ci-dessous.
Comment te sens-tu aujourd'hui?...

**TEMPS** _____ : _____

😊  😎  😟  😢  😠  🙂

**02** Je suis reconnaissant pour

_____
_____
_____

**03** Aujourd'hui, j'ai hâte de .......

_____
_____
_____

**04** Le temps aujourd'hui est:

# MON JOURNAL DE GRATITUDE

**01** **Aujourd'hui je me sens**
Colorez le visage ci-dessous.
Comment te sens-tu aujourd'hui?...

**DATÉ** ___/___/___
**TEMPS** _____ : _____

**02** Je suis reconnaissant pour

_____
_____
_____

**03** Aujourd'hui, j'ai hâte de .......

_____
_____
_____
_____

**04** Le temps aujourd'hui est:

# MON JOURNAL DE GRATITUDE

**01** **Aujourd'hui je me sens**
Colorez le visage ci-dessous.
Comment te sens-tu aujourd'hui?...

DATÉ ___/___/___
TEMPS _____ : _____

**02** Je suis reconnaissant pour

_____
_____
_____

**03** Aujourd'hui, j'ai hâte de ……

_____
_____
_____

**04** Le temps aujourd'hui est:

# MON JOURNAL DE GRATITUDE

**01** **Aujourd'hui je me sens**
Colorez le visage ci-dessous.
Comment te sens-tu aujourd'hui?...

**DATÉ** ___/___/___
**TEMPS** _____ : _____

**02** Je suis reconnaissant pour

_____
_____
_____

**03** Aujourd'hui, j'ai hâte de .......

_____
_____
_____

**04** Le temps aujourd'hui est:

# MON JOURNAL DE GRATITUDE

**01** **Aujourd'hui je me sens**
Colorez le visage ci-dessous.
Comment te sens-tu aujourd'hui?...

**DATÉ** ___/___/___
**TEMPS** _____ : _____

😊 😎 😟 😢 😠 😉

**02** Je suis reconnaissant pour

_____
_____
_____

**03** Aujourd'hui, j'ai hâte de ........

_____
_____
_____

**04** Le temps aujourd'hui est:

# MON JOURNAL DE GRATITUDE

**01** **Aujourd'hui je me sens**
Colorez le visage ci-dessous.
Comment te sens-tu aujourd'hui?...

**DATÉ** ___/___/___
**TEMPS** _____ : _____

😊  😎  😟  😢  😠  😉

**02** Je suis reconnaissant pour

_____
_____
_____

**03** Aujourd'hui, j'ai hâte de .......

_____
_____
_____
_____

**04** Le temps aujourd'hui est:

# MON JOURNAL DE GRATITUDE

**01** **Aujourd'hui je me sens**
Colorez le visage ci-dessous.
Comment te sens-tu aujourd'hui?...

DATÉ ___/___/___
TEMPS_____ : _____

**02** Je suis reconnaissant pour

_____
_____
_____

**03** Aujourd'hui, j'ai hâte de .......

_____
_____
_____
_____

**04** Le temps aujourd'hui est:

# MON JOURNAL DE GRATITUDE

**01** **Aujourd'hui je me sens**
Colorez le visage ci-dessous.
Comment te sens-tu aujourd'hui?...

**DATÉ** ___/___/___
**TEMPS** _____ : _____

**02** Je suis reconnaissant pour

_____
_____
_____

**03** Aujourd'hui, j'ai hâte de .......

_____
_____
_____

**04** Le temps aujourd'hui est:

# MON JOURNAL DE GRATITUDE

**01** **Aujourd'hui je me sens**
Colorez le visage ci-dessous.
Comment te sens-tu aujourd'hui?...

**DATÉ** ___/___/___
**TEMPS** ___ : ___

**02** Je suis reconnaissant pour

_____
_____
_____

**03** Aujourd'hui, j'ai hâte de .......

_____
_____
_____

**04** Le temps aujourd'hui est:

# MON JOURNAL DE GRATITUDE

**01** **Aujourd'hui je me sens**
Colorez le visage ci-dessous.
Comment te sens-tu aujourd'hui?...

**DATÉ** ___/___/___
**TEMPS** _____ : _____

**02** Je suis reconnaissant pour

_____
_____
_____

**03** Aujourd'hui, j'ai hâte de ……

_____
_____
_____

**04** Le temps aujourd'hui est:

# MON JOURNAL DE GRATITUDE

**01** **Aujourd'hui je me sens**
Colorez le visage ci-dessous.
Comment te sens-tu aujourd'hui?...

DATÉ ___/___/___
TEMPS _____ : _____

**02** Je suis reconnaissant pour

_____
_____
_____

**03** Aujourd'hui, j'ai hâte de .......

_____
_____
_____
_____

**04** Le temps aujourd'hui est:

# MON JOURNAL DE GRATITUDE

**01** **Aujourd'hui je me sens**
Colorez le visage ci-dessous.
Comment te sens-tu aujourd'hui?...

DATÉ ___/___/___
TEMPS _____ : _____

**02** Je suis reconnaissant pour

_____
_____
_____

**03** Aujourd'hui, j'ai hâte de .......

_____
_____
_____

**04** Le temps aujourd'hui est:

# MON JOURNAL DE GRATITUDE

**01** **Aujourd'hui je me sens**
Colorez le visage ci-dessous.
Comment te sens-tu aujourd'hui?...

DATÉ ___/___/___
TEMPS_____ : _____

**02** Je suis reconnaissant pour

_____
_____
_____

**03** Aujourd'hui, j'ai hâte de ........

_____
_____
_____

**04** Le temps aujourd'hui est:

# MON JOURNAL DE GRATITUDE

**01 Aujourd'hui je me sens**
Colorez le visage ci-dessous.
Comment te sens-tu aujourd'hui?...

DATÉ ___/___/___
TEMPS_____ : _____

**02** Je suis reconnaissant pour

_____
_____
_____

**03** Aujourd'hui, j'ai hâte de .......

_____
_____
_____

**04** Le temps aujourd'hui est:

# MON JOURNAL DE GRATITUDE

**01** **Aujourd'hui je me sens**
Colorez le visage ci-dessous.
Comment te sens-tu aujourd'hui?...

DATÉ ___/___/___
TEMPS _____ : _____

**02** Je suis reconnaissant pour

_____
_____
_____

**03** Aujourd'hui, j'ai hâte de .......

_____
_____
_____
_____

**04** Le temps aujourd'hui est:

# MON JOURNAL DE GRATITUDE

**01** **Aujourd'hui je me sens**
Colorez le visage ci-dessous.
Comment te sens-tu aujourd'hui?...

DATÉ ___/___/___
TEMPS _____ : _____

**02** Je suis reconnaissant pour

_____
_____
_____

**03** Aujourd'hui, j'ai hâte de .......

_____
_____
_____

**04** Le temps aujourd'hui est:

# MON JOURNAL DE GRATITUDE

**01** **Aujourd'hui je me sens**
Colorez le visage ci-dessous.
Comment te sens-tu aujourd'hui?...

**DATÉ** ___/___/___
**TEMPS** _____ : _____

**02** Je suis reconnaissant pour

_____
_____
_____

**03** Aujourd'hui, j'ai hâte de ........

_____
_____
_____

**04** Le temps aujourd'hui est:

# MON JOURNAL DE GRATITUDE

**01 Aujourd'hui je me sens**
Colorez le visage ci-dessous.
Comment te sens-tu aujourd'hui?...

DATÉ ___/___/___
TEMPS _____ : _____

**02** Je suis reconnaissant pour

_____
_____
_____

**03** Aujourd'hui, j'ai hâte de .......

_____
_____
_____

**04** Le temps aujourd'hui est:

# MON JOURNAL DE GRATITUDE

**01** **Aujourd'hui je me sens**
Colorez le visage ci-dessous.
Comment te sens-tu aujourd'hui?...

DATÉ ___/___/___
TEMPS_____ : _____

**02** Je suis reconnaissant pour

_____
_____
_____

**03** Aujourd'hui, j'ai hâte de .......

_____
_____
_____
_____

**04** Le temps aujourd'hui est:

# MON JOURNAL DE GRATITUDE

**01** **Aujourd'hui je me sens**
Colorez le visage ci-dessous.
Comment te sens-tu aujourd'hui?...

**DATÉ** ___/___/___
**TEMPS** _____ : _____

**02** Je suis reconnaissant pour

_____
_____
_____

**03** Aujourd'hui, j'ai hâte de ……

_____
_____
_____
_____

**04** Le temps aujourd'hui est:

# MON JOURNAL DE GRATITUDE

**01** **Aujourd'hui je me sens**
Colorez le visage ci-dessous.
Comment te sens-tu aujourd'hui?...

**DATÉ** ___/___/___
**TEMPS** _____ : _____

**02** Je suis reconnaissant pour

_____
_____
_____

**03** Aujourd'hui, j'ai hâte de .......

_____
_____
_____

**04** Le temps aujourd'hui est:

# MON JOURNAL DE GRATITUDE

**01** **Aujourd'hui je me sens**
Colorez le visage ci-dessous.
Comment te sens-tu aujourd'hui?...

DATÉ ___/___/___
TEMPS _____ : _____

**02** Je suis reconnaissant pour

_____
_____
_____

**03** Aujourd'hui, j'ai hâte de …….

_____
_____
_____

**04** Le temps aujourd'hui est:

# MON JOURNAL DE GRATITUDE

## 01 Aujourd'hui je me sens

DATÉ ___/___/___

TEMPS _____ : _____

Colorez le visage ci-dessous.
Comment te sens-tu aujourd'hui?...

## 02 Je suis reconnaissant pour

_____

_____

_____

## 03 Aujourd'hui, j'ai hâte de .......

_____

_____

_____

_____

## 04 Le temps aujourd'hui est:

# MON JOURNAL DE GRATITUDE

**01** **Aujourd'hui je me sens**
Colorez le visage ci-dessous.
Comment te sens-tu aujourd'hui?...

DATÉ ___/___/___
TEMPS _____ : _____

**02** Je suis reconnaissant pour

_____
_____
_____

**03** Aujourd'hui, j'ai hâte de .......

_____
_____
_____

**04** Le temps aujourd'hui est:

# MON JOURNAL DE GRATITUDE

**01** **Aujourd'hui je me sens**
Colorez le visage ci-dessous.
Comment te sens-tu aujourd'hui?...

**DATÉ** ___/___/___
**TEMPS** _____ : _____

😊 😎 😦 😢 😠 🙂

**02** Je suis reconnaissant pour

_____
_____
_____

**03** Aujourd'hui, j'ai hâte de .......

_____
_____
_____
_____

**04** Le temps aujourd'hui est:

# MON JOURNAL DE GRATITUDE

**01** **Aujourd'hui je me sens**
Colorez le visage ci-dessous.
Comment te sens-tu aujourd'hui?...

**DATÉ** ___/___/___
**TEMPS** _____ : _____

😊   😎   😟   😢   😠   😉

**02** Je suis reconnaissant pour

_____

_____

_____

**03** Aujourd'hui, j'ai hâte de .......

_____

_____

_____

_____

**04** Le temps aujourd'hui est:

# MON JOURNAL DE GRATITUDE

**01** **Aujourd'hui je me sens**
Colorez le visage ci-dessous.
Comment te sens-tu aujourd'hui?...

DATÉ ___/___/___
TEMPS_____ : _____

**02** Je suis reconnaissant pour

_____
_____
_____

**03** Aujourd'hui, j'ai hâte de .......

_____
_____
_____

**04** Le temps aujourd'hui est:

# MON JOURNAL DE GRATITUDE

**01** **Aujourd'hui je me sens**
Colorez le visage ci-dessous.
Comment te sens-tu aujourd'hui?...

DATÉ ___/___/___
TEMPS ___:___

😊 😎 😟 😢 😠 😉

**02** Je suis reconnaissant pour

_____
_____
_____

**03** Aujourd'hui, j'ai hâte de .......

_____
_____
_____
_____

**04** Le temps aujourd'hui est:

# MON JOURNAL DE GRATITUDE

**01** **Aujourd'hui je me sens**
Colorez le visage ci-dessous.
Comment te sens-tu aujourd'hui?...

**DATÉ** ___/___/___
**TEMPS** _____ : _____

**02** Je suis reconnaissant pour

_____
_____
_____

**03** Aujourd'hui, j'ai hâte de .......

_____
_____
_____

**04** Le temps aujourd'hui est:

# MON JOURNAL DE GRATITUDE

Toutes nos félicitations! Vous êtes au jour 90.

Il est temps pour vous de réfléchir à votre journal de gratitude et de répondre aux questions suivantes.

## 01 Des moments

Quelles ont été vos 3 activités préférées au cours des 30 derniers jours?

1. _____

2. _____

3. _____

## 02 Sois créatif!

Dessinez une image ou collez une photo ici qui a été un moment spécial pour vous au cours des 30 derniers jours.

# MON JOURNAL DE GRATITUDE

## Notes de journal de 90 jours

Écrivez ici ce que vous voulez. Y a-t-il quelque chose de spécial que vous aimeriez inclure pour compléter votre journal?

_____
_____
_____
_____
_____
_____
_____
_____

# MON JOURNAL DE GRATITUDE

*Notes de journal de 90 jours*

---
---
---
---
---
---
---
---

Avez-vous une photo ou une image que vous aimeriez inclure ici?

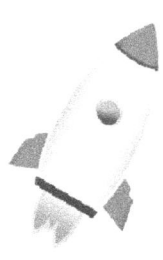

"Rien de nouveau ne peut entrer dans votre vie à moins que vous ne soyez reconnaissant pour ce que vous avez déjà"

- Michael Bernard

# A propos de l'auteur

Romney Nelson est l'un des principaux experts australiens en matière d'établissement d'objectifs et de développement des habitudes. Il a commencé sa carrière en tant qu'enseignant du secondaire en travaillant dans certaines des écoles les plus connues d'Australie, y compris des postes de directeur à Oxford et Wimbledon, au Royaume-Uni.

Romney a écrit sa première ressource, PE sur le GO; une ressource d'éducation physique pour les enseignants en 2009 et 2019, il a créé The Daily Goal Tracker, une ressource puissante et pratique développée pour créer, suivre et atteindre vos objectifs. En 2020, Romney est devenu un auteur à succès d'Amazon avec la sortie de The Habit Switch. Ses autres livres incluent Magnetic Goals, The Daily Goal Tracker, The 5 Minute Morning Journal et divers livres pour enfants.

www.ingramcontent.com/pod-product-compliance
Lightning Source LLC
LaVergne TN
LVHW060141080526
838202LV00049B/4050